Mein Vater und ich

Hans-Jürgen Siems (1921-2006), mein Vater, verfügte über eine seltene Gabe: In Blitzesschnelle verdrehten seine Synapsen Worte und Sätze.

Er war ein Schüttelreimer. In dieser speziellen, kleinen Lyrikwelt durchaus ein bekannter. Er schrieb aber auch „normale" Gedichte und Limericks, Schüttelreim-Limericks und Schüttelreim-Sonette.

Ich habe diese Begabung nicht.

Aber Geschichten zu schreiben und auch Gedichte – diese eher in Form von Poetry Slam Lyrik – daran habe ich sehr wohl Spaß.

Darum habe ich die vorliegende kleine Sammlung um Gedichte meines Vaters ergänzt. Es handelt sich nur um einen Bruchteil seines Werks.

Übrigens: Tausenden von Schülern und Schülerinnen in Deutschland hat mein Vater – nicht nur als Lehrer -, sondern auch als Schulbuchautor beim KLETT-Verlag Deutsch beigebracht. Über dreißig Jahre erschien „Mein Rechtschreibbegleiter".

Zu mir ist zu sagen: Ich bin also die Tochter …. Nach meinem Studium der Theaterwissenschaft (Germanistik und Amerikanistik) wurde ich Journalistin und Presse-/PR- „Tante".

Seit über 25 Jahren begleite ich meinen Mann in seiner Künstleragentur *STUDIO D* Entertainment. Und zusammen sind wir sehr stolz auf unsere Tochter. Wir sind Norddeutsche, die aber schon sehr lange in Köln wohnen.

Gute Unterhaltung!

Martina Siems-Dahle

Komm! Lass' uns von vorne anfangen

GeschichtenGedichteGeschütteltes

*Bibliografische Information der Deutschen National-
bibliothek:
Die Deutsche Nationalbibliothek verzeichnet diese
Publikation in der Deutschen Nationalbibliografie;
detaillierte bibliografische Daten sind im Internet
über http://dnb.dnb.de abrufbar.*

*TWENTYSIX
Eine Marke der Books on Demand GmbH*

© 2018 Martina Siems-Dahle

*Herstellung und Verlag:
BoD – Books on Demand, Norderstedt*

ISBN: 978-3-740-75047- 3

Illustration: Martina Siems-Dahle

Inhaltsverzeichnis

GLÜCKLICH

Zeit	09
Glück An Julia	11
Ich möchte mit dir ins Blaue laufen	13
Falten	14
Rien ne va plus	15
Mathe	18
Der erste Grasschnitt	20
Falsch gedacht	21

SCHATTIG

Dann allerdings	23
Der Zusammenbruch	24
Grabrede	25
Die Muschel	30
Der Nachttisch	31
Requiem für vier Fische	32
Das Luder	35
Ein Fall für alle Fälle	36
Invasion in der Schweinebucht	39
Die Ruhe und der Tod	42
Heiliger Krieg	43

TIERISCH

Gehässig Hans-Jürgen Siems	45
Die schlaue Zecke Hans-Jürgen Siems	45
Mückenplage I Hans-Jürgen Siems	46
Mückenplage II	46
Wespenschicksal Hans-Jürgen Siems	47
Raben und Ratten Hans-Jürgen Siems	48

LUSTIG

Mein Leben als Dudelsack	50
Die Zauberformel	51
Des Sängers Lust Hans-Jürgen Siems	54
Kinder- und Volksliederpotpourri	55

BESINNLICH

In stiller Nacht	58
Der Abend	61
Die Mär vom Wiachtel	63
Herr Odes und die Flüchtlinge	66
Moslemische Weihnachten	69
Das nicht gewünschte Geschenk	70

Glücklich

ZEIT

Komm! Lass' uns von vorne anfangen!
Wir haben noch Zeit!
Aber wieviel Zeit haben wir noch?, fragst du und
drehst dich um und
suchst die Zeit, die hinter dir liegt.
Aber du siehst sie nicht,
obwohl sie Spuren hinterlässt.
Du meidest den Stillstand
und flüchtest vor dem Gestern,
sagst dennoch, früher war alles besser,
aber morgen wird alles anders.
Dann sagst du, du hast keine Zeit.
Da sage ich dir:
Wer hat die schon?

Die Zeit, die kannst Du nicht besitzen
wie ein Sofa mit 'nem dicken Kissen.
Die Zeit kann ich nicht kaufen,
obwohl man sagt, dass sie kostbar sei.

Ich kann sie nicht waschen oder kämmen,
und an die Leine kann ich sie auch nicht binden,
obwohl sie neben mir läuft.
Ich kann sie nicht wegpacken oder verstecken,
wie ein Geschenk zu Weihnachten:
Ich kann dir meine Zeit nicht schenken.
Denn meine ist eine andere – relativ gesehen.
Deine Zeit ist für mich nicht greifbar.

Zwischen deiner Zeit und meiner Zeit liegt
das Warten.
Auf was, fragst du?
Auf das Versprechen, gemeinsam die Zeit zu füllen.
Stattdessen schlägst du die Zeit tot
und kommst dabei in Zeitnot.

Also: Hier, an diesem Ort, an dem genau ich jetzt bin,
kann ich morgen wieder sein,
aber nicht zur selben Zeit, weil
die jetzige Zeit morgen die gestrige ist.
Die Zeit ist an keinem festen Ort.
Das Jetzt ist die Wegkreuzung zwischen Gestern und Morgen.

Komm! Lass' und von vorn anfangen!
Wir haben noch Zeit.
Aber wieviel Zeit haben wir noch?, fragst du.
Haben wir gemeinsam eine gemeinsame Zeit?
Die Zeit ist subjektiv und egoistisch,
deswegen ist meine Zeit nicht deine.

Ich frage mich schon lange nicht mehr,
wo meine Zeit geblieben ist.
Ich kann meine Zeit nicht festhalten,
greife ich zu, liegt sie schon hinter mir.
Und die Zeit, die vor mir liegt,
ist unbekannt und unsichtbar.

Und wenn du meine Zeit trotzdem streifst,
ist unser Moment unangreifbar.
Für mich dauert der Moment
wie der Weg der Schnecke von A nach B,
für dich ist er vielleicht nur eine flüchtige Bewegung.

Komm! Lass' uns von vorn anfangen!
Wir haben noch Zeit!
Das Jetzt, unser Jetzt, ist unsere Kreuzung gen Morgen.
Lass' uns so tun, als ob er, der Weg, uns folgen muss
und wir nicht ihm.

Auch wenn ein Weg früher endet als der andere,
und dann der andere eine weitere Zeit hat:
Dann ist das unvermeidbar, aber nicht tragisch:

Unsere Zeit ist die Erinnerung an das ewige Jetzt.

Unser Leben ist ein Wartezimmer, niemand ruft uns auf. Unser Dopamin – das sparen wir immer, falls wir es später brauchen. Wir sind jung und haben so viel Zeit, warum soll'n wir was riskieren? Wir wollen keine Fehler machen, wollen auch nichts verlieren.
Julia Engelmann, *Ausschnitt aus* **Eines Tages, Baby**

GLÜCK
An Julia

Für deine Gedanken
Und Worte
Für deine Leichtigkeit
Alltägliches einzigartig zu sehen
für dein Dopamin, das
gelähmte Worte in Bewegung setzt
muss ich dir danken.

Ich stelle mir vor, du fliegst
Neben mir und
Mit mir
Durch meine Zeit
Du wirst Lachfalten sehen
Und Tränen
Wiederholungen hören
Fragen nach dem Sinn und dem Verpassten
Dass ich ein Kind war
Das in seinem Jetzt die Gegenwart nicht verstand.

Ich hatte Glück!

Eltern stolperten über Trümmer
Bauten aus ihnen
Häuser
Verbargen in ihnen
Ihre gerissenen Seelen –

Ich tanzte darin
Ohne Schmerzen zu kennen
Aber tobte gegen ergraute
Werte
Aufruhr gegen verstaubte
Gedankenklamotten und
Mottenpulver für Zucht und Ordnung
Dutschke und Konsorten

Bis heute hinterlasse ich keine Geschichte
Lebe täglich ohne Kommentar
Ohne Kugeln, die um meinen Kopf fliegen
Ohne Grimm meinem Feind gegenüber
Denn ich habe keinen – bisher
Der mir meine Lebensbahn vorschreibt

Ich hatte Glück!

Und wo lebst Du, Julia?
Du rast durch einen Kosmos des
Paradoxen:
Eine leicht zu bereisende Welt -
atomisiert und verkrustet zugleich
Propheten mit schwarzen
Gewändern auf ihren Seelen
Mächtige mit demselben hinterlistigen Blick
Brüllen No oder Njet -
Austauschbar -
Träume sind wieder in Gefahr.

Ich hatte Glück!

Mach weiter, Julia!
Bausch' fluffige Wolkengedanken und
Lass' sie ausregnen in vertrocknete
Synapsen.

Dein Dopamin bewegt.

ICH MÖCHTE MIT DIR INS BLAUE LAUFEN

Wenn meine Pfade steinig werden
Und Hoffnung wie Sand durch Finger rieselt
Wenn Worte wie Giftpfeile mich treffen
Und Hass wie 'ne Feuerwalze über mich rollt

Dann
möchte ich mit dir ins Blaue laufen,
täglich aufs Neue ins Blaue hinein
und am Abend denken,
dass Blaumachen gesünder sei.
Möchte mit dir in den Nachthimmel fliegen,
unendlich sternhagelvoll.
Auf der Kornblumenwiese liegen,
eingelullt vom blauen Dunst
schwebt unsere Sinnlichkeit
über die Blauen Berge.

Wenn Reichtum blind macht
Und Missgunst unter Nägeln klebt
Wenn nachts Verzweiflung zur Schraubzwinge wird
Und Angst mein Blut gefriert

Dann
möchte ich mit dir ins Blaue laufen,
täglich aufs Neue ins Blaue hinein,
und am Abend denken,
dass Blaumachen gesünder sei.
Möchte den Teufel in Blau an die Wand malen
und im blühenden Flachs Faxen machen.
In der Lagune blaue Lippen vom Küssen kriegen,
Purzelbäume schlagen über Enzianwiesen.
Wir gleiten hinweg durch die Nebel der Zeit
bis zum Horizont – lachen, bis wir blau anlaufen.

Ich möchte mit dir einfach nur weg -
und mit einem blauen Auge davonkommen!

FALTEN

Ich wünschte, ich wäre `ne kleine Falte -
dann könnt' ich mich entfalten.
Ich streckte und dehnte mich,
spränge ohne Furchen zu fürchten
über Gräben und Spalten.
Stattdessen bin ich verfaltet -
gespalten bezüglich gefüllter Falten.

Im flimmernden Sonnenlicht flattert ein Falter –
das finde ich grotesk.
Was soll ich denn von Faltern halten,
die nichts falten können,
auch die Hände nicht –
denn sie haben keine?

Meine falt' ich auf meinem Bauch,
lege sie über faltige Haut -
bis die Falten des letzten Vorhangs fallen.

Rien ne va plus

Der Hotelboy öffnete die Zimmertür, trat einen Schritt zurück und bat die Herrschaften einzutreten. Er trug weiße Handschuhe, schwarze Lackschuhe, eine rote Uniform mit goldfarbenen Kordeln, die zwischen den zwei Knopfreihen gespannt waren.

„Schönes Karnevalskostüm", dachte Christina, die vor ihrem Mann die Suite betrat. Der Page stellte den Koffer ab, hängte den Kleidersack an die Garderobe und, nachdem Holger ihm noch Geld zugesteckt hatte, verließ er geräuschlos das Zimmer.

„Wunderschön!", schwärmte Christina. Sie zog die bodenlangen Gardinen zur Seite. „Mit Blick auf das Casino! Herrlich!"

Es war achtzehn Uhr. Gerade eingetroffen, saß Holger schon auf dem Kingsizebett, mit dem iPad auf seinem Schoß. Er liebte seinen Job als Creative Director einer großen Werbeagentur, übertrieb es aber mit seiner selbst angenommenen Unabkömmlichkeit, wie Christina meinte. Aber das kannte sie nun schon seit fünfzehn Jahren, die sie zusammen waren. Als Redakteurin beim Fernsehen kannte sie die Branche, in der kein Unterschied zwischen Arbeitstag und Feiertag gemacht wurde. Sie hatte Verständnis dafür – bis zu einem gewissen Grad.

In ihrer wenigen gemeinsamen Freizeit blieben sie gerne in ihrer Penthousewohnung. Dieses Wochenende sollte anders werden. Holger wollte ihr einen Traum erfüllen. Dieser Traum begleitete sie, seitdem sie sechs Jahre alt war. Meistens war er in der Versenkung verschwunden, doch wenn sie Berichte über Königshäuser sah oder auch mal eine Soap, die in einem herrschaftlichen Anwesen spielte, wurde der Traum wieder hochgespült.

Damals, vor vierundvierzig Jahren, stand sie mit ihren Eltern und ihrem älteren Bruder vor dem Portal dieses Casinos. Die weiße Strumpfhose hing mal wieder tief im Schritt und kringelte sich an den Knöcheln. Der rote Glockenrock mit den

weißen Querstreifen, von Mami gestrickt, juckte am Gummibund. Ihre zwei blonden Zöpfe, die bis zu den Pobacken reichten, wurden von roten Schleifen zusammengehalten.
Obgleich nicht standardgemäß angezogen, traute sich die kleine Familie, dieses prachtvolle Gebäude des Klassizismus zu betreten. Die sechsjährige Christina war überwältigt von dem Prunk der Halle. Mit Blattgold verzierte Leisten, brillante Kronleuchter, Marmorböden, bedeckt mit Teppichen, so groß wie ihr Rasen daheim. Doch das alles war noch nichts gegen – die Treppe. In einem eleganten Bogen schwang sie sich von der oberen Etage hinab, nach unten hin immer breiter werdend, wo sich ihr königsblauer Teppich gleich einem Wasserfall auf dem Marmorboden der Halle ergoss.

„Ein Mal in meinem Leben möchte ich diese Treppe in einem der wunderbarsten Kleider hinunterschreiten!", seufzte sie.

„Lady in Red, du siehst fantastisch aus!" Holger stand sogar vom Bett auf, wo er sich erneut mit dem iPad niedergelassen hatte. Christina stand in der Tür zum Badezimmer. Eine blonde Strähne hatte sich aus ihrer Hochsteckfrisur gelöst und kitzelte sie im Nacken. Sie bemühte sich sehr, ihren Bauch einzuziehen. Das eng anliegende Abendkleid, schulterfrei, am Rücken fiel eine Schärpe aus hauchdünnem schwarzen Tüll bis zum Boden, war eine Maßanfertigung, - von vor zehn Jahren.

„Puh – und ich habe noch zwei Kilo diese Woche abgestrampelt", stöhnte Christina. „Wirke ich mit meinen fünfzig Jahren und ihren Nebenerscheinungen nicht ein wenig albern?" Sie beneidete ihren gleichaltrigen Mann, war aber auch sehr stolz, ihn an seiner Seite zu haben: Ein Typ wie George Clooney, der im Alter immer attraktiver wurde. Wie er in seinem weißen Smoking vor ihr stand, raubte es ihr geradezu den Atem.

„Ich schreite mit dir zusammen in die Welt deiner Träume." Holger bot ihr seinen Arm an. „Schreiten ist gut", sagte Christina und hakte ein, „staksen in diesen Highheels passt besser."

Sie hielt an und küsste ihn auf seine stoppelige Wange. „Ich freue mich wahnsinnig!"

Die sommerliche Frühlingsluft wärmte Christinas Dekolleté und Seele. Holger und Christina näherten sich dem Casino. Bedächtig stiegen sie die wenigen Stufen an der Seite des Hauptgebäudes hoch, wandelten durch den Säulengang und erreichten das Portal.
Seine hohen edlen Türen waren geschlossen. Vor ihnen stand ein Aufsteller. Christina und Holger lasen:

„Sehr verehrte Gäste,
gemäß der gesetzlichen Regelung bleibt das Casino heute, am Karfreitag, geschlossen. Wir würden uns freuen, Sie bald hier begrüßen zu dürfen. Das Team des Casinos wünscht Ihnen einen glücklichen Tag!"

MATHE

Es muss toll sein, Mathe zu verstehen. Doch! Ehrlich! Ich wünsche es mir so sehr! Einfach Zahlen sehen, rechnen und fertig. Ich weiß: Für jemanden, dessen Mathesynapsen funktionieren, ist dieser fromme Wunsch nicht nachvollziehbar.

Für diese Pragmatiker ist es nicht unbegreiflich, welche unendlichen Qualen ich durchleiden musste - und noch immer muss -, wenn irgendeine Information in mathematischen Fachtermini erklärt werden. Ich leide, weil ich mich schäme, weil ich mir vorkomme wie ein Analphabet, wie ein Dummchen, ich kann nicht mehr mitreden, bin außen vor, ausgeschlossen. Einsam!

Für mich führen mathematische Begriffe zu Missverständnissen. Ich verfüge über ein verkümmertes Logikzentrum, dafür über ein dominantes Kreativitätszentrum, dem ein Unsinnszentrum angeschlossen ist.

Wenn in meinem Kreativitätszentrum das Wort **Funktion** auftaucht, heißt das für mich, etwas muss einen Zweck erfüllen In der Mathe stellt eine Funktion eine Beziehung dar. So ein Unsinn! Es ist die Beziehung, die eine Funktion erfüllt!
Du lernst fürs Leben – nicht für die Schule! Nie wieder nach dem Abi habe ich im mathematischen Sinn Funktionen gebraucht! Zur Schulzeit wurde ich gezwungen zu funktionieren, das hat mich gefoltert, stundenlang über Punkten, Strichen, Ziffern, Kurven zu sitzen und nicht zu begreifen, welche Funktionen sie haben.

Viele Menschen sind am Nachhilfeunterricht - naja, nicht reich geworden, - aber haben schwarz ordentlich etwas dazu verdient. Ohne Erfolgsgarantie, daran haben die sich dann auch gehalten!

Ich unterstelle, dass die Erfinder der Mathematik verkapselte Sadisten sind. Mit humanen Begriffen für irgendwelche Rechenwege wollen sie Menschen wie mich noch mehr in die Irre führen.

Wurzel: Bei einem Menschen, der gerne in der Natur ist, ist das Bild der Wurzel völlig anderes belegt. Beim Wurzelziehen kann ich nicht an Mathe denken.

Monotonie: Gefühlsschwankungen sind unerwünscht

Beschränktheit: Dazu sage ich jetzt nichts – das ist eine Unverschämtheit!

Potenz … finde ich unfassbar, dass man die in Zahlen angeben soll. Echte Gefühle sind hier gefragt!

Das einzig Gute an Mathe ist: Wenn ich ein Sofa kaufe, haben Sofabauer und Architekten dafür gesorgt, dass es durch Flure und Türen passt.

DER ERSTE GRASSCHNITT

In den Wochen zwischen Jahresbeginn mit seinem feucht windigen Klima und den ersten krokussigen Tagen, habe ich die Nase gestrichen voll: von matschigen Stiefeln, dreckigen Hosenbeinen, wulstigen Mänteln, entstellenden Mützen und vom muffeligen, versandeten Hundefell.

Endlich: Die ersten Frühlingsbotschafter tupfen ihre Farben in mein Gemüt, Narzissen, Tulpen, Forsythien und das zarte Rosa der Blutpflaume kitzeln meine blasse Laune. Kleine, große, blaugelbe, rot graue, braun gesprenkelte und glänzend schwarze Vögel erhellen mit ihren Gesängen mein trübes Denken.

Und dann ist er da, der Tag, jedes Jahr überraschend: Die Rheinwiesen werden gemäht. Der betörende Duft des ersten Grasschnitts vertreibt alle Winterstimmungen. Davon können mein Hund und ich die Nasen nicht voll genug bekommen.

FALSCH GEDACHT

Während seine Hände über die weiche Oberfläche strichen, verlor sich sein Blick ins Unendliche. Für einen Moment ruhten sie, sendeten ihm warme Signale.

„Wie der Flaum eines Pfirsichs", kam es ihm in den Sinn. Sodann formte sein rechter Zeigerfinger genüsslich eine immer kleiner werdende Spirale um die höchste Erhebung der festen Halbkugel, um sie gleich wieder zu massieren. Die schwarzen Haare seiner Arme stellten sich auf, wohlig schüttelte es ihn. Schweißperlen glitten wie überlaufender Bierschaum am Glas zwischen seinen Schulterblättern hinab.

Durch seine Nasenflügel witterte er einen würzig süßlichen Duft. Er ahnte, wie sie sich in der Hitze biegen, sich erheben werde – diese perfekte Form! Wie lange wird er sich an der Köstlichkeit ergötzen können? Werden seine Geschmacksknospen die Aromen des Begehrens speichern?

„Ey, Luigi! Bist du fertig mit dem Pizzateig?"

SCHATTIG

DANN ALLERDINGS
Hans-Jürgen Siems

Wenn einer, was recht oft passiert,
mal endlich die Geduld verliert,
wenn es in ihm sich angehäuft,
so dass er nunmehr überläuft,
wenn eines Tags ihm, sozusagen,
vor Wut und Ingrimm platzt der Kragen.
Wenn er dann schreit: „Rühr mich nicht an,
und reiche mir das Porzellan!",
und wenn sich seine Seelenqual
im Fluch befreit „Verdammt noch mal!", -

dann darf mit Recht man daraus schließen:
„Den Mensch scheint etwas zu verdrießen,
und darum muss man ihm sein Schrei'n,
sein Toben, Fluchen schon verzeih'n."
Ansonsten ist das unmanierlich
und derlei Tun nicht grade zierlich,
und nur bei großer Seelenqual
sagt man: „Na ja, jetzt darf er mal. -
Dem Mensch in seinen tiefsten Nöten
geht die Kultur gewöhnlich flöten."

ZUSAMMENBRUCH
Hans-Jürgen Siems

Es war einmal ein Molekül,
das hatte der Atome viel.
Es sprach voll Stolz: „Ich bin das Ding,
mit dem das Leben einst anfing!"

Das passte den Atomen nicht,
denn schließlich sei es ihr Gewicht,
nach dem man alle Stoffe misst,
falls man dazu imstande ist.

Dies ging dem Molekül zu weit:
„Und wie steht's mit der Wertigkeit?"
„Ja!" riefen prompt die Elektrone,
„Ohn' uns, da seid ihr alle ohne!"

Zuletzt schrie'n auch die Kerne drein:
„Um uns dreht sich das ganze Sein!"

Da sprach der liebe Gott: „Na na,
wenn ich nicht will, was ist denn da?"

Worauf das ganze Molekül
in sich und mit der Welt zerfiel.

GRABREDE

Der Verstorbene musste eine bekannte Persönlichkeit gewesen sein. Wie viele folgten wohl dem Sarg? Achtzig? Einhundert? Die alte Frau auf der Bank sah dem Trauerzug hinterher. Sie schraubte den Becher von der Thermoskanne und schenkte sich einen Tee ein. Während ihre rissigen Lippen am heißen Getränk nippten, blickte sie liebevoll auf den gegenüberliegenden Grabstein: Gustav Möller, 05. November 1921 – 18.August 2008.

Die alte Frau massierte sich den Nacken und kreiste den Kopf. Sie hatte die verdorrten Sommerblumen aus dem Grabbeet gezupft; Töpfchen mit Heidekraut warteten darauf, eingepflanzt zu werden. Eine grüne Plastikgießkanne stand auf der aufgewühlten Erde. Ohne hinzuschauen griff die Alte in ihren Einkaufsbeutel, legte sich ein kariertes Geschirrhandtuch auf den Schoß, steckte die Hand nochmals in den Beutel und zog einen schrumpeligen Apfel und ein Obstmesser hervor. Bedächtig schälte sie ihn mit wulstigen Fingern.

Der Kies auf dem Weg knirschte. Die alte Frau hielt mit dem Schälen inne und drehte den Kopf in die Richtung. Ein schwarzes Ding ließ sich auf die Bank plumpsen. Mädchen oder Junge war auf Anhieb nicht zu erkennen. Blauschwarze Haarsträhnen fielen über die Augen, der Rest des Schädels war fast kahlgeschoren.

Die Alte griff zur Handtasche, deren Leder nicht minder spröde war als die Haut ihrer Besitzerin. Die Frau presste das kleine Gut auf ihren Bauch und umschloss es mit der ausgebeulten Strickjacke. Aus den Augenwinkeln beobachtete sie mit neugieriger Skepsis, wie Finger, üppig beringt, mit violett lackierten Nägeln, eine Packung Zigarettentabak öffneten und einen Papierstreifen hervorholten. Die dunkel gekleidete Person steckte ihn zwischen die schwarz angemalten Lippen, kratzte den Tabak zusammen, den sie sodann flink und geschickt zwischen Daumen und Zeigerfingern im Papierchen rollte. Schließlich leckte sie mit spitzer Zunge an der Gummierung und klemmte die Selbstgedrehte zwischen ihre schmalen Lippen.

„Was glotzt du denn so?", fragte trotzig eine Mädchenstimme, während es sich die Zigarette anzündete. Es nahm einen tiefen Zug, schluckte den Rauch geradezu hinunter, um sich dann der alten Frau zuzuwenden und ihr den Rauch ins Gesicht zu blasen.

Die Alte schob sich ein Apfelstück in den Mund und wandte sich dem Mädchen zu. „Wenn du mich schon anbläst", die Frau wedelte den Rauch mit einer Hand weg, „dann möchte ich dir dabei auch in die Augen schauen."

„Klar", das Mädchen steckte den Pony hinter die Ohren, zog kräftig und pustete den Dampf wie gefordert der Nachbarin ins regungslose Gesicht.

„Hast du keine Schule?", fragte die Frau.

„Was geht dich das denn an?"

Das Mädchen klappte die dünnen Beine, die in Springerstiefeln steckten, zum Schneidersitz zusammen.

Ein Mann mit dunklen Wollmantel und Hut schlurfte an den beiden vorbei, im Schlepptau einen Dackel, der abrupt stoppte und auf den Weg ein Häufchen setzte.

„Ey, Alter", rief das Mädchen, „dein Hund hat gekackt. Mach das mal weg!"

Der Mann aber ging weiter.

Die Zigarette zwischen den Lippen, die Fäuste in die Hüften gestemmt, grummelte es: „Frechheit! Was sind das für Manieren?" Sie wandte sich der alten Frau zu.

„Willste ein Kaugummi?" Sie hielt ihr eines hin.

„Ich habe mein ganzes Leben noch keines gegessen und jetzt auch nicht."

„Was? Deine ganzen hundert Jahre nicht?"

„Achtzig Jahre. Ich heiße Berta Möller, und du?"

„Anna."

„Und wie lange hast du diesen Namen schon?"

„Fünfzehn Jahre." Anna mahlte ausladend mit den Kiefern, blähte eine Kaugummiblase und ließ sie zusammen mit Zigarettenrauch platzen.

Berta Möller zog den knielangen, beigen Glockenrock hoch.. „Ich wünschte, ich könnte auch im Schneidersitz sitzen. Schau, Wasser", sie zog den Rock ein wenig hoch.

„Die sehen ja aus wie Elefantenbeine in Ballettschuhen!", spottete Anna. „Alt sein ist schon Scheiße, was?" Braune Augen unter schwarzem Augenmakeup funkelten feucht.

„Ja …, naja, dass sich mein Körper so deformiert hat, ohne dass ich das großartig beeinflussen konnte, das ist …", Berta Möller räusperte sich, „… Scheiße. Wenn abnorme Körperformen schick wären, so wie deine schwarze Kluft, na, dann läge ich doch voll im Trend." Berta Möller zog ihre Augenbrauen hoch und schaute das Mädchen fragend an. Aber Anna schüttelte wieder ihren Pony über die Augen. „Jetzt ziehst du den Vorhang zu und versteckst dich wieder", kommentierte Berta Möller.

„Schwarz ist doch aufm Friedhof angesagt, oder?" Anna setzte sich auf die Rückenlehne der Bank und schnipste den Zigarettenstummel weg. Sie stopfte die Kopfhörerstöpsel ihres iPods in die Ohren, zuckte mit dem ganzen Körper, dass die Holzbank wippte. Sie drehte sich erneut eine Zigarette.

„Haste letztes Jahr das in der Zeitung gelesen?" Anna schrie fast die Frage und hustete den Rauch auf Berta Möllers Schoß.

„Was?", fragte Berta Möller.

„Das von dem Mädchen, das einen Sexualtäter in die Flucht geschlagen hat?"

Berta Möller holte eine Flasche *Echt Kölnisch Wasser* aus der Handtasche, spritzte eine Menge auf das Küchentuch und wedelte damit vor Annas Nase.

„I pfui!" Anna zog die Nase kraus, „davon wird einem ja schlecht."

Die alte Frau wischte sich die Hände ab, um Anna die Hörer aus den Ohren zu ziehen. „Was war mit dem Mädchen?", fragte sie.

„Na, die ganze Polizei hatte doch nach dem Kerl gesucht, und die Eltern schickten ihre Mädchen nur noch in Begleitung zur Schule. Tätä! Hat über zwei Wochen gedauert, bis klar wurde, dass alles nur erlogen war."

„Was haben denn deine Eltern dazu gesagt?"

„Cool, ertappt! Na, peinlich war's denen: ,Was sollen denn die Leute von uns denken?' und haben mich dann auf eine andere Schule geschickt."

Anna äffte offensichtlich die Stimme ihrer Mutter nach. „Und wenn du dich nicht sofort normal kleidest, schicken wir dich aufs Internat!"

„Das ist aber bestimmt teuer!", sagte Berta Möller.

Anna hielt kurz inne und runzelte die helle Stirn. Sie betrachtete Berta, wie sie da in abgetragenen Klamotten saß, etwas gekrümmt und schlaff, durch stumpfe dünne Haare schimmerte Kopfhaut. Und doch schienen Millionen Falten fröhlich über ihr Gesicht zu tanzen.

„Egal", murmelte Anna und pulte am Nagellack. „Wenn ich brav bin, krieg ich alles. Und wenn ich mal wieder was brauche, bin ich für paar Stunden lieb, trage Jeans und so weiter, was alle so tragen. Aber ich bin nicht alle."

„Ich glaub'", sagte Berta Möller, „meine Schildkröte redet mehr mit mir als deine Eltern mit dir."

Anna zuckte mit den Achseln, stopfte wieder die Hörer in die Ohren und zappelte.

„Willst du ein Butterbrot?" Berta Möller kramte im Beutel.

Anna hörte das nicht. Sie zog ein Fläschchen Underberg aus ihrer Manteltasche. Schnell räumte Berta Möller ihr kleines Picknick zusammen und stand so zügig wie es ihr möglich war auf. Die Bank kippte nach hinten. Anna fiel rückwärts auf einen Haufen zusammengerechter Blätter.

„Ey, Alte, noch alles fit im …?"

„Steh' auf und stell' die Bank wieder hin, Anna!", befahl Berta Möller in einem Ton, dass Anna nicht wagte zu widersprechen.

„Okay, Okay!"

„Ich brauche dich, Anna. Hilf mir beim Bepflanzen des Beets." Berta Möller setzte sich wieder hin und zeigte unmissverständlich auf Harke und Schaufel.

Wie ein Kind im Sandkasten patschte Anna auf allen vieren wild im Beet herum, harkte kreuz und quer, buddelte Löcher, zog mit spitzen Fingern das Heidekraut aus den Töpfen und warf es in die Kuhlen. Breitbeinig stellte sie sich hin und starrte auf das Grab.

Berta Möller schwieg. Das Glockenläuten der Kapelle durchschnitt die Stille.

Langsam ließ sich Anna auf die Knie fallen, vorsichtig nahm sie die Pflanzen wieder aus ihrem provisorischen Bett, nur mit den Händen bearbeitete sie jetzt die Grabstätte. „Die Erde ist warm", sagte sie in sich versunken. Nachdem sie die Heide gewässert, die verdorrten Sommerpflanzen in den nächsten Container geworfen und die Grabumrandung gereinigt (und auch über den Namen Gustav Möller gefegt hatte), sagte Berta Möller:

„Komm' bitte morgen nach der Schule hierher. Wir müssen noch das Grab meines Bruders pflegen. Und zieh' dir andere Klamotten an. Wär' doch schade, wenn dein - wie sagt ihr? Outfit? – schmutzig wird."

Anna packte die Gartengeräte in einen Jutesack und stellte ihn neben die Bank. „Danke", sagte sie, „ich geh' dann mal zu meiner Mutter. Ich glaub', die braucht mich jetzt."

Berta Möller schaute auf das neu bepflanzte Beet, stand auf und sagte sanft zu ihrem Gustav: „Tschüss, bis morgen."

Als sie an der Trauergemeinde vorbeikam, die den Worten des Pastors lauschte, sah sie, wie Anna mit einer hochgewachsenen Frau mit schwarzen Hut am offenen Grab stand und sich beide fest an den Händen hielten.

DIE MUSCHEL

Nun ist er da, dieser Tag des Abschieds. Du gehst durch das Haus, das du leer räumen musst. Dein Blick wandert von einem Gegenstand zum anderen. Gegenstände der Erinnerungen: an Liebe, Streit, Versöhnung. Du wanderst durch die Zeiten der Gemeinsamkeit; verharrst vor dem Fotoalbum: Hochzeit, Reise, Kinder.

Plötzlich hältst du die Muschel in der Hand. Du umklammerst sie fest, diese Muschel, die er verliebt am Strand dir zärtlich auf den Bauchnabel gelegt hatte. Dein Griff wird fester. Du hörst das Rauschen der kommenden und gehenden Wellen. Du merkst nicht, wie die Muschel einen Riss bekommt.

Sie bricht.

Du blutest.

DER NACHTTISCH

Er begleitet das Leben und das Sterben.
Er ist Zeuge von Liebe und Tränen.
Abenteuer, auf Papier gedruckt,
die Brille, er behütet sie.
Krümel und Kaffeeflecke: Stumm erträgt er sie.

Er dient als Gebissablage,
untergetaucht im wassergefüllten Glas
grinsen sie den Alten an.
Im Schein des Mondes werfen sie
fremde Zeichen an weißer Wand.

Leergeräumt und verstaubt
steht er nun an der Straße.
Keine Bücher und kein Gebiss
erwarten mehr den nächsten Tag.
Dem Hund dient er geduldig als falscher Baum.

REQUIEM FÜR VIER FISCHE

Der abgewetzte Koffer in der linken Hand pendelt im Rhythmus seiner Schritte, deren Länge vorgeschrieben ist. Er kann sie nicht selbst bestimmen. Wie alles bisher in seinem Leben. Eine merkwürdige Parallelität, stellt er fest, während der Blick auf seine marschierenden Füße fällt, die, einer nach dem anderen, die Schwellen zwischen den Schienen abschreiten. Verfehlt er eine, drückt Schotter durch die dünnen Sohlen seiner Schuhe. Er besitzt sie, seitdem er diese Schuhgröße hat. Er kann sich kaum erinnern, wie alt er war, als er sie bekam, es muss kurz vor der Militärzeit gewesen sein. Damals war er noch ein Kindskopf, der in seinem Spind Plastikfische aufgehängt hatte, silbrig schimmernd, wie das Meer im Abendlicht.

Schweißflüsschen perlen seinen gebogenen Hals hinunter, der Blick ist auf die Kiesel gerichtet, um der Tortur der Steinchen aus dem Weg zu gehen. Der Kragen des verblassten, orangefarbenen Polohemds scheuert auf der sonnenverbrannten Haut, großflächig hat sich Nässe über den Rücken verbreitet und das Hemd durchtränkt. Gerade passiert er ein Schild neben der Strecke, verwittert, rautenförmig und rostrot. Wovor es wohl warnen soll? Vor dem Tod auf Schienen, den Fußgängern drohen kann?

Gelbe Blümchen strecken sich vorwitzig zwischen den Schwellen hervor, von einem Gelb, das ihn an den Sternenhimmel über Latakia erinnert.

Er spürt schwaches Zittern unter den Füßen, ein Kitzeln. Er hält inne und lauscht.

Schon vorbei.

Seine Beine finden schnell wieder in den Rhythmus. Er sieht seine Mutter im schwarzen Kleid auf einem verbogenen Stuhl vor der offen stehenden Tür des kleinen Lebensmittelladens sitzen; der Stuhl ist so schmal, dass die Ränder der Sitzfläche in ihre breiten Schenkel drücken. Die Arme liegen gekreuzt auf dem Schoß, zwischen den rissigen Fingern gleitet unablässig eine Perlenkette, an der ein winziges Kreuz baumelt.

„Joseph, wo bleibst du? Du musst raus in die Nacht, aufs Meer!" Aber die Fische gibt es nicht mehr – so wie es seine Mutter nicht mehr gibt und ihre Fürbitte: „Der Herr erbarme dich deiner!" Dafür hat sich Allahu Akbar in sein Gehirn eingefressen. Egal. Da wo Gott ist, will er nicht mehr sein.

Er spürt ein Vibrieren in den Knochen. Wieder lauscht er, stellt den Koffer zwischen die Gleise und wartet. Die dürren Blättchen der Büsche am Gleisrand winken ihm zu. Er greift mit der anderen Hand das Gepäckstück, schaut es mit schiefem Lächeln an und geht weiter. Die Zikaden haben mit ihrem lauten Musikspiel begonnen. Bald wird es dunkel sein.

„Joseph, hast du die Netze repariert? Die Fässer gereinigt?", echot Mutters Stimme in der Erinnerung.

Er riecht sich selbst im leisen Abendwind, fischig, ölig, tranig, die Hoffnung auf eine liebe Frau hat er schon vor Jahren aufgegeben. Zu eng ist sein Leben, zu erbärmlich. Nur zu einer feinen Hose hat es gereicht, die ihn nun, feucht an den Beinen klebend, auf seinem unbekannten Weg begleitet, zwischen Gleisen, von denen er nicht weiß, wohin sie führen und wann sie enden.

Seine Zunge haftet dick und trocken am Gaumen, der Koffer birgt nichts zu Trinken und zu Essen. Eine Brise stößt in seinen Nacken und bringt kurze Erfrischung.

Das Erzittern der Erde belustigt ihn, es fühlt sich elektrisierend an. Über den Gesang der Zikaden legt sich drohendes Brummen, das wie ein Gewitter über dem Meer langsam näher kommt.

Joseph fühlt eine Leichtigkeit in ihm aufsteigen. Sie ist so luftig wie der Koffer. Er wartet. Er legt ihn neben die Gleise, hockt sich nieder, die verrosteten Riegel springen auf, er klappt den Deckel hoch. Joseph holt einen Pappkarton hervor, zieht ein Anglerseil heraus, an dem vier silbrig blaue Plastikfische aufgereiht wie Lampions baumeln. Er hängt sie über einen verdorrten Ast.

Er möchte vor Freude schreien, als der Zug ein Donnern und Pfeifen vor sich herschiebt und die Druckwelle sein schwarzes Haar zerzaust - und ihn verschwinden lässt.

Die Fische schaukeln am Ast, als ob sie ihrem Fischer Adieu sagen wollten.

DAS LUDER

Magst tanzen mit mir im fahlen Licht?
Bei Tannenduft?
Auf Moos gebettet,
verschling ich dich mit meinen Schenkeln.

Magst jagen mit mir durch Dornengebüsch?
Zum Ruf der Eule?
Im See erfrischt,
liebkost mein kalter Busen deine Lenden.

Magst laben dich an meinen Gruben?
Bei brütenden Vögeln?
Über Pfade der
fließenden Glut verführe ich dich.

Magst, dass ich dein Köder bin?
Ein Lockruf des Verlangens?
Willst, dass ich mich schinde
auf Knien vor deinem Eros!

Magst fühlen das Feuer unsrer Herzen?
Blutrote Haut auf weißen Federn!
Wässrige Küsse glucksen
im Sumpf meiner Verderbtheit.

Magst rufen mich bei meinem Namen?
Mein brennender Atem flackert vor Lust!
Als Jungfrau Diana soll ich dir dienen,
nennst Luder mich.

Magst dich nicht wehren mit Klauen und Zähnen?
Ich keuche meine Beichte mit Freude Dir ins Ohr:
Deinen Leib will ich weiden,
wie der Jäger die Ricke!

Magst nun darben auf liederlichem Schindacker, verscharrt unter vertrocknetem Laub!
Noch ein Mal wittre ich deinen klebrigen Duft.
Nun lockst du nach altem Brauch das Biest!

Dies ist die wahre Geschichte eines dramatischen Untergangs! Für sensible Gemüter nicht geeignet. Vor Verkostung fragen Sie Ihren Doktor oder Pastor!

EIN FALL FÜR ALLE FÄLLE, ODER: DAS RHEINISCHE „DE"

Es waren einmal sieben Fälle. Ihre gemeinsame Wiege stand im Römischen Reich, an dieser Heiligen Stätte, wo einst Romulus' und Remus' Nachfahren des Satzbaus frönten.

Jahrhunderte durch wurden die sieben Brüder von Vertretern des Sprachadels gepflegt. Allein – die schicksalsbehaftete Zahl Sieben kam ihrem gemeinen Ruf nach und - siebte. Drum nahm es kein Wunder, dass sie den siebten Fall zum ersten Opfer erwählte. All überall wurde besorgt gefragt: „Wo liegt der Ort des Geschehens, an dem der Bruder Lokativ verschwand?" Es sollte ein Geheimnis bleiben.

Fast gleichzeitig spielte sich auf einem benachbarten Schauplatz ein ähnlich dramatisches Schicksal ab. Bevor ehrwürdige Dichter und Denker besorgt die Frage stellen konnten: „Wohin gehst du, Bruder Vokativ?", hatte sich auch dieser schon der vulgären Sprachwandlung angeschlossen. Fort war er!

Womit hätte der Rückzug der gemeinsamen Mutter, der lingua latina, aufgehalten werden können? Kein Siebengescheiter erkannte zur rechten Zeit, wie sich auch das fünfte Geschwisterchen Ablativ allmählich auflöste. Lediglich verkümmerte, meist einsilbige, kleine, gar kleinste Wörtchen hinterließ es zum Trost, zumindest in der einst so ausdrucksstarken lingua germanica.

„Verzaget nicht", dachten sich die vier verbliebenen Brüder und lustwandelten frohgemut durch weitere Epochen der Zivilisation. Fall Eins war der simpelste unter ihnen. Kaum jemand im Volke, der ein Der, eine Die oder ein Das nicht kannte.

Fall Zwei ... entwickelte sich zur weiteren Tragödie. Sollte es ihm so ergangen sein wie seinen versunkenen drei Brüdern? In ihm steckten per se die gleichen Gene, in diesem Gene-tiv! Er wurde permanent gemobbt, während die Brüder

Eins, Drei und Vier sich als standhafter erwiesen. Und so begab es sich in einer nicht allzu fernen Zeit, dass es niemanden mehr interessierte, wessen Auto er fuhr. Warum auch, wenn Bruder Dativ mühelos mit Bruder Genetiv seinem Auto fahren konnte? „Wen interessiert das auch schon?", fragte zurecht Bruder Akkusativ.

Der Verfall der Fälle rauschte gnadenlos ins Tal des Jammers. Es wurde zwar versucht, sie in Enklaven, sogenannten Klassenzimmern, am Leben zu erhalten. Doch der Pöbel erachtete die letzten noch lebenden Gefährten für immer weniger nützlich. Sie drohten in der Leere des menschlichen Gehirns zu zerbröseln.

Rettung nahte! Der moderne, besonders der rheinische Mensch, erfand in seiner unerschöpflichen Einfal[l]t einen neuen Fall. Diese Wortkrücke wischte mit einem Schlag alle Zweifel weg, ob es nun der/die/das, oder dem/der/dem oder den/die/das hieße oder sogar – ha! - des/der/des.

Die Lösung hieß „de". Der Mustersatz lautete fortan:

„Gib de Menschen de Fälle zurück und de Verfall von de Sprache fängt von de Anfang an."

So ward ein weiterer ruinöser Meilenstein in der Sprachwissenschaft gesetzt: der casus multus.

EIN Fall für ALLE Fälle!

Und wenn er nicht gestorben ist, …

INVASION IN DER SCHWEINEBUCHT

„Ist das nicht herrlich heute? Endlich Zeit für nackte Beine und tiefe Dekolletés!", ruft Beate den zwei Freundinnen zu. Wie jeden Tag treffen sich die drei Frauen mit ihren Hunden am Rheinufer des Kölner Stadtteils Rodenkirchen.

„Und wie ich sehe, haben auch die Ruderer die Saison eröffnet!", ergänzt sie augenzwinkernd, als ein durchtrainierter junger Mann an der Gruppe vorbei geht.

Marko hat heute die Vorlesungen gegen sein Ruderboot getauscht. Als er die Blicke der Frauen bemerkt, lächelt er ihnen zu, streift sich die Schwimmweste über, klettert ins Boot und beginnt mit kräftigen Zügen rheinaufwärts zu rudern.

Eine Bucht weiter haben es sich Magda und Heinz in Campingstühlen bequem gemacht. Im Schatten einer schiefgewachsenen Silberweide lässt es sich aushalten. Heinz liest in der Zeitung.

„Is dat schon fünfzich Johr heer!", murmelt er.

„Wat is fünfzisch Johr heer?", fragt Magda, das weiße Sonnenhütchen tief ins Gesicht gezogen.

„De Invasion auf Kuba, in der Schweinebucht.

„Woren dat nit die Amis, die dä Fidel forthan wollten?"

„Jo, ich glöv so ähnlich wor dat."

Dieser sonnige Mittwoch im April lockt viele gut gelaunte Strandbesucher an. Frisbees werden geworfen, Kinder matschen im nassen Sand, ein Pärchen liegt verschlungen auf einer Picknickdecke. Kleine Hunde und große Herrchen lassen sich das kühle Wasser um die Knöchel spielen.

Ingrid ist die Temperatur des Wassers egal. Auch dass dieser Tag im Frühling so sommerlich ist und die Menschen in beste Laune versetzt, kümmert sie nicht. Sie lässt sich rücklings treiben. Schultern, Hals und Kopf ragen aus dem Wasser. Ihr Blick ist gen Himmel gerichtet.

Fast hätte sie der Sog eines Chemietankers hinuntergezogen und sie wäre in die Schiffsschraube geraten! Doch der Zufall meint es gut mit ihr. Ingrid lässt sich weiter treiben. Kleine neugierige Fische beschnuppern ihre Füße. Die Arme hält sie angewinkelt wie eine Schaufensterpuppe. Ingrid streift einen alten Autoreifen, berührt einen Kühlschrank, sogar ein Einkaufswagen stellt sich ihr als kleines aber überwindbares Hindernis in den Weg. Ingrid schert dieser Müll nicht.

Bei Rheinkilometer 681 erreicht sie die Spitze einer Buhne. Diese künstliche Landzunge, die quer in den Fluss hineingebaut worden ist, bietet Sonnenhungrigen einen Blick über die „Schweinebucht", wie dieser Strandabschnitt genannt wird. Auch Beate und ihre Freundinnen setzen sich dazu und lassen die Hunde im warmen Sand spielen.

Windstille und ruhiges Wasser, bei diesen guten Bedingungen zieht Marko noch kraftvoller als sonst die Ruder durch das Wasser. Gerade hat er die obere Buhne bei der Schweinebucht erreicht, als das linke Blatt sich nicht mehr durchziehen lässt. Es scheint sich verhakt zu haben. Marko versucht das Ding, das aussieht wie ein dunkler Leinensack, abzuschütteln.

Ingrids langes braunes Haar bläht sich unter Wasser wie der Körper einer Qualle. An der Buhne wird sie vom Strudel hinabgezogen, doch gleich wieder vom steinigen Flussbett weggestoßen. Plötzlich stupst sie etwas an und der Ärmel der schwarzen Bluse hat sich in irgendetwas verfangen.

Heinz müht sich aus seinem Stuhl und nimmt einen kräftigen Schluck Kölsch.

„Wat is dat dann do?"

„Wat is wat dann wo?", fragt Magda.

„Dat Schwatze do? Wat hät dä Paddler denn do am Paddel?"

Um 12:45 Uhr rücken sie mit lautem Geheul an: drei Löschfahrzeuge, ein Rettungswagen, ein Feuerwehrboot, ein Motorradpolizist. Die knatternden Rotoren des Rettungshubschraubers kräuseln die Wasseroberfläche. Gleich einer Invasion rasen Menschen und Fahrzeuge auf den Strand der Schweinebucht zu.

Ingrid wehrt sich nicht, als ein Mann im roten Schlauchboot sie mit einem Ruder Richtung Strand stößt. Sie wehrt sich auch nicht, als ein anderer sie an der Kleidung packt, durch den Sand schleift und sie ablegt. Ingrid hält die Arme immer noch angewinkelt. Als man eine Plane über sie legt, sieht es aus, als läge sie in einem Zelt.
 Ingrid ist das egal. Sie hat endlich ihre Ruhe.

Anmerkung:
Schreibübung: „Schreiben Sie nie verschachtelte Sätze!
Außer dieses Mal" – Eine Bildbeschreibung.

DIE RUHE UND DER TOD

Das Bild, nicht eingerahmt, es hätte aus einem Kinderbuch stammen können, stand im Kontrast zur Szenerie, die sich hier auftat, denn das naiv hingepinselte Motiv, eine verschneite Winterlandschaft, im linken Vordergrund ein Tannenbaum, der einem Reh mit seinem Kitz Schutz spendete, der im Verhältnis zu den zwei Birken, unter denen er stand, viel zu klein erschien, aber dessen Türkis-Grün sich im dahinschlängelnden Fluss, der aus dem rechten Bildrand verschwand, wieder aufgenommen wurde, und den Blick des Betrachters gen Horizont leitete, wo sich ein Tannenwald schwarzzackig vom winterlich roten Himmel abhob, dieses Harmonie ausstrahlende Bild, nur mit Tesafilm an die Wand gepappt, hing über der toten Frau, deren Gesicht, das sicherlich vor ihrem Ableben bildhübsch gewesen war, in einer Blutlache ruhte.

HEILIGER KRIEG
Hans-Jürgen Siems

Sie beten wieder. Es ist ja Krieg.
Da kniet der eine auf dem Teppich nieder,
der ist nach Mekka ausgerichtet. „Sieg!
O Allah, schenk den Sieg uns Frommen wieder!"

Und auf der andern Seite hebt sein Feind
die Hände hoch zu Gott und betet still:
„O Herr, wir Guten haben uns vereint,
gib uns den Sieg!" Er zweifelt nicht, dass Gott will.

Und siehe, ringsum beten Millionen
zum Herrn der Welt und sind des Siegs gewiss.
Denn Gott muss doch Gerechtigkeit belohnen, -
sonst blieb' die Schöpfung ein Beschiss!

Ja, dieser Krieg, er ist wahrhaftig heilig,
da **alle** beten. Denn sie sind in Not
und werfen Bomben und zerstören, eilig,
und treffen, unter andern, Gott. Und der ist tot.

Tierisch

GEHÄSSIG
Hans-Jürgen Siems

Dass diese Fliege Zucker schleckt,
kann ich noch grad verstehen.
Dass sie an meinem Honig leckt,
auch das mag noch angeh'n.
Doch dass sie hinterher dann sacht,
ganz nebenbei und lässig,
mir auf die Butterstulle macht:
Das finde ich gehässig.

DIE SCHLAUE ZECKE
Hans-Jürgen Siems

Die Mücke wollte eine Reise machen
Und endete in einer Meise Rachen.
Die Zecke fand die Meise rüde,
doch ward sie drob nicht reisemüde:
Sie machte keck die Reise mit,
indem sie auf der Meise ritt.
Moral: Es überlebt die Reise meist,
wer auf statt mit 'ner „Meise" reist.

MÜCKENPLAGE I
Hans-Jürgen Siems

Wie sirren in Brenden und stechen
die Mücken an Stränden und Bächen!
   Sogar Krähen und Spatzen
   sieht man spähen und kratzen,
und die Leut' steh'n an Ständen und brechen.

MÜCKENPLAGE II
Ein Akrostichon

Mich hat heut' morgen eine Mücke gestochen.
Am Po. Wieso
Rutscht die unter meine Bettdecke?
Traktiert mich dort
In meinem Schlaf!
Nun gut, heute
Abend knöpf' ich sie mir vor!

WESPENSCHICKSAL
Hans-Jürgen Siems

Eine Wespe, entflohen aus Steinach,
war gefürchtet, weil auf alles sie einstach:
Ob sie in Stalbach
in einen Ball stach,
Enten in Stürzelbach
in deren Bürzel stach,
einer Dame in Steinbach
ins linke Bein stach,
einer anderen in Steinebach
in beide Beine stach,
ob sie in Stettbach
den Lehrer im Bett stach,
den Pfarrer in Stangenbach,
wenn auch mit Bangen, stach -
sie endete, als sie in Stierbach
in ein abgestandenes Bier stach.

RABEN UND RATTEN
Hans-Jürgen Siems

Nanu -, ihr arroganten Schottenraben,
empört euch, dass in ihren Schattenroben
sich in den Speicher ein paar Raben schoben,
bereit zum gierigen Karottenschaben?

Voll Hochmut saht ihr auf den Lattenrosten
die Ratten dann bei den Schalotten rasten,
wo, zu verteilen die Karottenlasten,
um ihren Anteil jene Ratten losten.

Ihr selbst zählt euch zu den Eliten, Raben,
und könntet nie und nimmer Ratten lieben,
die ihren Lauspelz an den Latten rieben

und sich an kruden Ratten-Riten laben. –
Es hat ein jeder Clan halt seine Riten.
Auch Raben pflegen nicht nur reine Sitten!

LUSTIG

MEIN LEBEN ALS DUDELSACK

Fröhlich, heiter klingt mein Pfeifen,
sehnsuchtsvoll, zart und leise,
grell gequietscht und tief gestöhnt.
Klagend, schallend mein Timbre tönt.

Aufgeblasen, aufgepustet,
perforiert und durchgelocht,
warme Winde weichen,
schlechter Atem bläht den Sack.
Luft schlüpft durch meinen Flötenmund.

Gequetscht, gefaltet, fest gepresst,
eingeklemmt im Achselschweiß;
abgeschlafft, eingesackt,
weggeschickt, eingepackt.

Mal alleine und mal im Chor,
Gestreichelt, liebkost, geküsst, gekniffen.
Viel gereist, doch heimattreu;
aus dem letzten Loch gepfiffen,

Die Luft ist raus. Aus!

DIE ZAUBERFORMEL
(frei nach Goethes „Zauberlehrling")

Hat der alte Kleiderspiegel
es mal wieder preisgegeben!
Denn er zeigt mir klar mein Übel,
rundherum kann er's belegen,
Hosenbund und Lederriemen
schnüren fest in meinen Bauch,
und mit sauren Mienen
hoffe ich auf ein Wunder auch.

Walle! Walle,
weich` dem Blicke,
dass zum Zwecke
Fett wegfließe
und mein Hüftring, dieser dralle,
dort im Abfluss sich ergieße!

Und nun komm, du Wunschgewicht.
Die Zauberformel will ich finden,
die mir nimmt jeglichen Verzicht,
schlemmen kann und dennoch schwinden
Pfunde und die Würste.
Sie brächt mir schlanke Arme, Beine,
glatte Haut und stramme Brüste,
kann dann tragen knappe Mieder, feine.

Walle! Walle,
weich` dem Blicke,
dass zum Zwecke
Fett wegfließe
und mein Hüftring, dieser dralle,
dort im Abfluss sich ergieße!

Seht, ich lauf' die Straße nieder,
na gut, ich schleiche eher,
hört das Knarren meiner Glieder.

Ach, - nun schaut nur her!
Zum wiederholten Male
gerat' ich aus der Puste,
Speichel läuft, ich lalle,
Atemnot – ich huste!

Messe! Messe
meine Taille.
Eine Weile
nicht ans Schlemmen denken.
Oh, ich fürchte: Nichts mehr essen
wird den Magen mir verrenken.

Ach, Diät, nur bis zum Ende
nächster Woche sollst mich quälen.
Ach, ihr Wülste, ihr sprecht Bände!
Bei Muckibud' und Powerplaten,
bei Bodywork und B.O.P.,
bei Walzer, Rock und Zumba,
bei Wasser und bei Tee,
setze ich aufs große Wunder.

Nein, nicht länger
soll's Fett thronen
und in meinem Körper wohnen.
Will es vernichten -
mir wird bang und bänger -
das Skalpell soll es nun richten!

O du schwabb'lig weicher Oberarm!
Warst einst so straff und fest.
Abführpille dreht den Darm,
Glaubersalz gibt ihm den Rest.
Da, noch ein Wundermittel,
hier steht's geschrieben
in Kleinschrift auf dem Zettel,
hilft beim Kaloriensieben.

Will das Polster
dann nicht schwinden,
muss ich finden
noch `nen Trick,
der zerstört das Monster,
führt mich zum ersehnten Glück.

Seht, da schwingt das Pendel immer wieder,
hin und her, lullt mich ein;
müde werden meine Glieder.
Der Zauber der Hypnose soll's nun sein.
Ach, schon wieder ist nichts dran.
Seht, alles nur Gerede.
Schaut mich doch nur an!
Es bleibt, das Fettgewebe.

Siehe! Siehe!
Alles Lüge!
Ich bin müde,
finde keine Lösung,
die mir ohne Mühe
bringt mir, ach, Erlösung!

Und es grummelt, lang und länger,
in dem leeren Magen.
Meine Hosen werden immer enger,
trotz Hungern und Verzagen.
Schluss nun endlich, ich will leben!
Hab' die Nas' gestrichen voll.
Her mit Käse und dem Saft aus Reben!
Genießen will ich ohne Groll.

In die Ecke,
Spiegel, Spiegel,
verursachst manches Übel.
Die Schönheit der Figur
dient nicht dem wahren Zwecke.
Die gesunde Seele ist von entscheidender Natur!

DES SÄNGERS LUST
Hans-Jürgen Siems

Ich fühl' mich nicht wohl in Silwingen, -
Ich kann nicht, doch ich will singen!
Gern möchte' ich wie in Sipplingen
ein Lied mit froher Lipp' singen
und möchte es wie in Sindlingen
im Schatten einer Lind' singen!
Und regnet's (wie in Sindringen),
werd' ich es eben drin singen!

KINDER- UND VOLKSLIEDERPOTPOURRI

Horch, was kommt von draußen rein!
Mach hoch die Tür, die Tor' mach' weit!
Heute kommt der Weihnachtsmann!
Komm (auch du, du) lieber Mai,
der Lenz, der will uns grüßen.
Schau: Schön ist die Welt
am Brunnen vor dem Tore.

Lasst uns froh und munter sein,
froh zu sein bedarf es wenig!
Oh du Fröhliche,
lebe wohl, ade,
jetzt fahr'n
wir übern See!

Und du mein Schatz bleibst hier?
(Bedenke:) Das Wandern ist des Müllers Lust,
nur Hänschen klein ging allein.

Geh' - mit meiner Laterne,
denn weißt Du wieviel Sternlein stehen?
Der Mond ist aufgegangen,
ganz still und stumm.
Unsre Glock hat zehn geschlagen,
hopp, hopp, hopp!
Schlaf, Kindlein schlaf!

Ich bring' Euch gute neue Mär:
Alle Vögel sind schon da!
Im Wald und auf der Heide –
ist ein Ros' entsprungen!
Auch im Frühtau zu Berge.

(Ach-) Wenn ich ein Vöglein wär,
lieber Heinrich, lieber Heinrich,
aus einer Wurzel zart,

mit Rosen bedacht, mit Näglein besteckt:
dann flög ich zu Dir!

(Ja -) Die Gedanken sind frei!
Und die Zigeuner sind lustig.
(Nur die) drei Chinesen mit dem Kontrabass
liegen auf der Mauer auf der Lauer
und singen: Der Hahn ist tot!

BESINNLICH

In stiller Nacht

Der Trubel des Heiligen Abends neigt sich dem Ende zu. Die Spülmaschine läuft. Die Kinder streiten ein letztes Mal. Die Eltern sinken erschöpft zu Bett.
Stille Nacht.
Für Mensch.
Für Tier.
Für Möbel.

„Ist das schschschön!", säuselt die Türklinke durch das Schlüsselloch.
„Mmmmh, endlich!", bestätigt Khan, der alte Perserteppich. „Hab' nun hundertzehn Jahre in meinen Knoten. Es wird mir langsam zu viel." Er dehnt und streckt sich. Der baumlange Eichentisch, der auf ihm steht, knarrt dazu.
„Wie ist denn die Luft da oben, FB4?", fragt Khan die Klinke.
„Es könnte frischscher sein. Letzte Rauchschschwaden schschwabbeln durch mein Loch. Als Türklinke muss man so manchen Gestank durchlassen."
„Es ist wahr! Geduldig ertragen wir die menschlichen Ausdünstungen", bestätigt Khan. „Dennoch, dürfen wir uns beklagen? Schließlich hat er uns erschaffen!"
Mondlicht fällt in das geräumige Esszimmer. Die beiden Kameraden sind gerade dabei, ihr Gespräch zu vertiefen, als plötzlich eine jugendliche Stimme sie stört.
„Hey, was geht?"
„Bitte, was?", erwidert FB4 erschrocken.
„Yepp, was geht?"
„Was für eine dreiste Frage! Wer stellt sie überhaupt?", bläst die Klinke durch das Schlüsselloch.
„Hallo, Deutschland! Immer schön cool bleiben. Hier spricht Flatti. Ich bin das geilste Weihnachtsgeschenk, das man sich vorstellen kann! Ich bin ein 40-Zoll-Full-HD-Backlight-LCD-Fernseher!"
Khan schüttelt es. „Dann sind das also deine Tentakel, die auf meinem wertvollen Wollkleid liegen?"

Aber Flatti stichelt weiter. „Sag an, du Lost Generation, wie bist du denn drauf? Schon mal was von Kabeln gehört, den Quellen meiner Energie, den Fundgruben meines allumfassenden, telemedialen Wissens?"

„Schschtop! Mein Bart dreht sich schon im Loch herum!" stöhnt FB4.

„In aller Freundschaft!", entgegnet Flatti. „Ich bin der Weltspiegel. In mir stecken gute Zeiten, schlechte Zeiten! Wetten, dass ich the next topmodel bin?" Sein blaues On-Lämpchen flackert erregt.

„Pah! Ich kenne deine Schschpezies", speit FB4. „Dein Vorgänger war auch so ein Schschlaumeier. Es dauerte nur einen kurzen Moment, da knallte er durch." Höhnisch fügt die Türklinke hinzu. „Deine kümmerliche Existenz hängt doch nur von einem Kontakt in der Wand ab. Ich hingegen erfahre täglich zahlreiche."

„Ein sehr delikates Thema", mischt sich Khan ein und stellt dabei ein Bündel wollener Fransen hoch. „Da sprechen ein Stück Plastik und ein Klumpen Metall über den Nutzwert ihrer Existenzen! Meine Freunde: Leben bedeutet, eine Seele zu haben. Mir wurde die schon bei meiner Entstehung im fernen Afghanistan eingewoben. Auf meiner Reise vom Orient zum Okzident haben mich die Menschen in die Gebete einbezogen. Ich bin eine Brücke zwischen den Welten!"

„Halleluja!", prustet FB4. „Im Dienste der Menschheit: wer ist der Nützlichste? Ein alter Wolllappen oder eine Mattscheibe? Ich sag's Euch: ICH bin der Nützlichste!" Die Türklinke holt tief Luft.

„Als ich vor wenigen Jahren im wiedererstarkten Bauhaus, Fachbereich 4, in Dessau entstand, wurde mir schon bald bewusst, welche Bedeutung mir zuteil geworden ist. Abgesehen davon, dass ich als Nachfahre der Gropius-Linie …"

„Um Himmelswillen, FB4!", unterbricht Flatti. „Gibt's eine Fortsetzung oder kann ich in die Sendepause gehen?"

„Bei meinem edlen Glanze, du Ignorant", kontert FB4. „Seit ewigen Zeiten öffnet meine Gattung dem Menschen die Türen. Mein Schlüsselloch ermöglicht den Blick in fremde Welten. Mein Schlüssel ist das Zentrum der Macht!"

„Und den Schlüssel hat immer noch der Mensch in der Hand, mein Freund. Vergiss das nicht!", mahnt Khan.

„Freiheit für die Klinken dieser Welt!" FB4 lässt das Türblatt erzittern. „Jede Klinke hat das Recht, dem Menschen die Tür zu weisen. Fort mit Stiften und Dornen!"

Dieser Forderung folgt Stille. Das Mondlicht wird schwächer. Das Wohnzimmer taucht in nächtliches Dunkel.

Kaum ist es Tag geworden, stürmen Kinder die Treppe hinunter.

„Ich will den Fernseher anstellen!", schreit das Mädchen.

„Nein, ich!", brüllt der Junge. Er reißt an der Türklinke, die Tür fliegt auf, - es scheppert metallisch.

„Was ist denn da los?" Die Mutter eilt ins Wohnzimmer. „Jetzt aber raus hier. Fernsehen, so früh am Morgen, das gibt es nicht!"

Sie zieht den Stecker des Fernsehers aus der Wand, das blaue Lämpchen erlischt; sie bückt sich nach der heruntergefallen Klinke, verlässt das Zimmer, ohne die Tür zu schließen.

Stille kehrt zurück.

„Ja, ja", murmelt der alte Perser. „Hochmut kommt vor dem Fall. In den Sprüchen Salomos steht's geschrieben."

Doch das haben nur die Möbel gehört.

DER ABEND
(Frei nach *„John Maynard" von Theodor Fontane*)

„Wann ist der Abend?"
„Der Abend kommt so plötzlich wie jedes Jahr,
aus heiterem Himmel, sechs Wochen vor Februar.
Er bringt die Gans, er macht uns froh,
er lindert Not, unsren Hunger sowieso.
Der Abend."

Der Braten steht schon im Ofen drin,
Duft zieht durch das Haus wie Rauch im Kamin.
Von Flensburg bis nach Rosenheim –
die Pakete kommen just-in-time,
für Oma, für Opa, für Vater und Kind.
Nur Mutter huscht durch das Haus geschwind.
Sie sucht verzweifelt nach den Geschenken.
„Ich hab's vergessen! Nicht auszudenken!",
und ruft: „Wie spät ist es, ihr Blagen?"
„Noch dreißig Minuten bis Heiligabend!"

Der Nadelbaum, noch ganz ohne Zier,
steht in der Stub', Vater gönnt' sich 'n Bier.
„Hansgeorg", schimpft die Mutter, bleich im Gesicht,
„Siehst du die Tanne? Sie ist noch so schlicht!"
Nimm' die Kugeln, das Lametta! Hör' mein Klagen!"
Und noch zwanzig Minuten bis Heiligabend!

Und die Kinder, die beiden Recken,
verstecken den Baumschmuck, um Vater zu necken.
„Wo soll es denn sein, das bunte Gehänge?"
„Im Keller", raunzt Mutter mit deutlicher Strenge.
Doch, wo nur sind sie geblieben, die Gaben?
Und noch fünfzehn Minuten bis Heiligabend!

Das Fleisch schmort, dicker Qualm dringt hervor,
die Mutter schaut ins Ofenrohr,
sie sieht nur verkohlte Gebeine,

seufzend klagt sie: „Das ist doch zum weine'!"
„Alles gut in der Küche, Grete?"
„Nein, Hansgeorg, ich bete!"

„Ich komm' sofort! Ich komm' in die Küch'!"
„Ich warte, Hansgeorg, auf dich!"
Und die Kinder jaulen: „Mist! Jetzt gibt's nur Reste!"
Und noch zehn Minuten bis zum Feste. --

„Noch da, ihr Eltern?" Und Vater ruft
mit erstickter Stimme: „Verdammt schlechte Luft!"
Und im ganzen Haus, was Küche, was Flur,
hat der Feuerteufel Hochkonjunktur.
Die Rettung naht, der Löschtrupp ist da!
Im Gefolge `nen Hauptkommissar.
Die Bescherung fällt aus. Das Feuer verschwelt.
Gerettet alle. Nur eine fehlt!

Vater und Sohn, die Schwester dabei,
wünschen sich arg die Frau, die Mutter herbei.
Und siehe da, einem Engel ähnlich,
erscheint sie und sagt: „Mann, was bin ich dämlich!
Die Geschenke, sie liegen in der Garag'!"
Nun ist Weihnachten doch nicht im EIMER …!"

Die Mär vom Wiachtel

Einst saß ein kleiner Wichtel
im Astloch einer Fichtel.
Trug's Mützchen so schief,
das Näschen, es lief,
Popöchen, so eisig.
Er dacht': „Auf's Wetter pfeif ich."

Da sah er im Mondenscheine
`ne Wachtel auf einem Beine.
„Was ist, du Vogel, sprich,
was hüpfst du so dämelich?"
Der sprach: „Es war Wechtel, der Waldschrat,
der mir vors linke Bein trat!"

Der kleine Wichtel rutschte vom Zweige,
er sprach: „Komm', mein Schnaps geht zur Neige.
Wir wollen zusammen zwei, drei zwitschern.
Dann ist's nicht mehr so kalt am Hintern.
Was meinst, soll'n wir schlendern zum Eber Wuchtel?"
Die Wachtel: „Nein, niemals, der ist eine Schwuchtel."

Der Wichtel und die Wachtel
vereinten sich in einer Schachtel.
Nach einem Monat und `nem achtel
schlüpfte im Astloch ein Wiachtel.
Die Eltern staunten nicht schlecht,
schauten nach, doch fanden kein Geschlecht.

Dem Küken, ohne Hemd und Gefieder,
froren alle Glieder.
„Was soll ich hier? Es ist doch Winter!
Da komm' mir mal einer dahinter!
Geschlüpft wird bei Vögeln im Mai!
Wo sind meine Eltern? Herbei!"

Wichtel-Vater und Wachtel-Mutter
hörten den Ruf und brachten Futter.
Wiachtel, das kleine Wunder,
piepte: „Ich wünsch' mir `nen Pullunder.
Es ziehen und pfeifen die Winde
durch Fichtels poröse Rinde."

Wachtel und Wichtel, sie gingen,
um Stroh für die Brut zu finden.
Sie kehrten zurück mit einer Krippe,
fanden Wiachtel fast tot, es hatte Grippe.
„Oh, hilf!", bat Wachtel die Waldfee.
Ihr Rat: „Mixe Korn mit `nem Liter Holztee."

Und siehe da, das Gesöff tat seine Wirkung,
führte herbei Wiachtels Gesundung.
Am Weihnachtshimmel die Sterne funkelten so toll.
Wichtel und Wachtel war'n sternhagel voll.
Baby Wiachtel hickste im Stroh,
seine Kehle brannte ihm lichterloh.

Kaum waren die Drei wieder fein gestellt,
erschien der Waldgeist, in Nebel gehüllt.
„Wisst ihr's denn nicht? Habt's nicht vernommen?
Man flüstert, ein Bastard sei angekommen!
Grad in diesem Walde, auf diesem Fleckchen Erden,
zwischen uns Tieren, Wesen und Verwaltungsbehörden!

Es soll seine Ankunft nicht gemeldet sein,
es droht Tumult, Aufstand, Bestandszählerei'n!"
Mutter Wachtel war sehr erschrocken.
Sollte Wiachtel, ihr Kindlein, das Unheil locken?
Woran man ihn erkenne, fragte Mutter den Gast.
Es sei ein Geschöpf mit einem dicken Quast.

Der Waldgeist sagte, der Vater sei unbekannt,
man vermute, er sei ein Wesen aus fremdem Land.
Wichtel versteckte sich unterm Federkleid seiner Frau.

So musste der Waldgeist glauben, er sei ein Pfau.
Waldgeist meinte, vielleicht war's nur ein bös' Geplapper
von der aalglatten Schlange mit ihrer Klapper.

Die Mär vom Vöglein, das keines war, machte die Rund'.
Ein solch' Geschöpf, hieß es, sei mit Göttlichem im Bund.
Doch fanden sich weder Kuh, noch Esel, noch Schaf,
die aus Erfahrung bezeugten, ob's Gerücht wohl zutraf.
Wichtel schaute seine Frau fragend an:
„Ist an der Botschaft wohl was Wahres dran?"

Es klopfte am Tor der Astlochbehausung.
„Hier kommen drei Zwerge für die Beschauung.
Lasst uns herein. Wir führen viel Gutes in unsren Säcken!"
„Das will ich sehen!", rief Wichtel, „Ich will das checken."
Auch Wiachtel öffnete müde ein Auge,
zu gucken, ob's Sackerl was tauge.

„Wir bringen Lametta, Zigarren und ein gutes Kraut,
es heißt Myrrhe und hilft der Mundschleimhaut."
Die drei Fremden waren nun wohl gelitten,
sie ließen draußen ihre Schlitten
und traten ein ins kleine Zimmer,
vorbei war's mit Wiachtels Gewimmer.

Vater Wichtel nahm dankbar die Zigarren,
holte Likörchen und die Gitarren.
Mutter Wachtel schmückte die Bude mit Lametta,
sprach: „Wenn's weiter so geht, werd' ich immer fetter."
Die Myrrhe, man glaubt es kaum, tat Wunder,
Wiachtel wuchsen Federn, `n Bart und noch so'n Plunder.

Nun, auch diese schöne Zeit ging vorbei,
der Tag des Abschieds kam herbei.
Wichtel und Wachtel sagten zu Wiachtel: „Tschüss!"
Das kleine Geschöpf machte nur wenig G'schiss.
Öffnete das Törchen hoch oben in der Fichtel,
machte `nen großen Schritt … vorbei ist dies Geschichterl.

HERR ODES UND DIE FLÜCHTLINGE
Eine wahre Geschichte.

Einführung

Dies ist die Geschichte einer deutschen Durchschnittsfamilie. Um die Persönlichkeitsrechte der Familienmitglieder zu schützen, nennen wir sie Mutter, Vater, Tochter, Sohn.

Mutter arbeitet halbtags im Archiv eines Notariats, Vater ist Werkstattmeister bei einer Autofirma. Die Tochter ist sechzehn, der Sohn vierzehn Jahre alt. Sie leben in einem Reiheneckhaus mit zwanzig Quadratmetern Garten, haben zwei Wagen, nämlich einen VW Passat Diesel und einen Bollerwagen, vier Fahrräder, zwei Kaninchen,– nee, stimmt nicht – der Hund hat eines vor kurzem gefressen.

Wir schreiben Samstag vor dem 1. Advent. Mutters Hände stecken tief im Plätzchenteig. Vater sitzt im Cologne Couture Outfit (Trainingsanzug aus Ballonseide) auf dem Sofa und schaut auf „Sky" Bundesliga; Tochter lackiert sich die Fingernägel am Esstisch, kann aber trotzdem unentwegt auf dem Smartphone herumtippen; Sohn, ebenfalls am Esstisch, grübelt über Matheaufgaben.

„Mir tun die richtig leid", ruft Mutter aus der Küche.
„Wer?", fragt Sohnemann.
„Die Flüchtlinge."
„Mmh, warum?"
„Die können kein Weihnachten feiern!", antwortet Mutter.
„Warum nicht?", fragt Tochter. „Dürfen die vom Asylgeld keine Geschenke kaufen? Das ist gemein, da sollte die Merkel noch was drauflegen. Weil doch Weihnachten ist."
„Das sind Moslems", brummt Vater.
„Ja, und?" Tochter pustet über die frisch lackierten Nägel der linken Hand. „Feiern die nie? Auch kein Weihnachten?"
Mutter kommt ins Wohnzimmer, hält die mehligen Hände hoch.
„Wisst ihr was?"
„Oh, jetzt kommt's. Mutter und ihre Ideen", stöhnt Tochter.

„Wir sollten in dieses Treffpunkt Café gehen, ihr wisst schon, wo wir Deutschen die Flüchtlinge kennenlernen können, damit sie sich schneller intrigieren." Mutter schleckt an ihren Fingern. „Also, wir sollten denen erzählen, warum jetzt so viele Lichter herumhängen, und es so schön geschmückt ist, wieso wir so viele leckere Sachen kaufen und essen."

Sohn knallt sein Mathebuch zusammen. „Prima Idee, ich mach' mit."

„Du lernst Mathe weiter."

„Nö, erst helfen, dann lernen."

Mutter ist wieder in der Küche und formt Plätzchen.

„Und DU kannst mir mal helfen", ruft sie der Tochter zu.

„Geht's noch? Und meine Nägel?"

„Toooor!!! Jetzt habe ich mir ein Bier verdient! Bring' mir mal eins", ruft Vater Richtung Küche.

„In der Halbzeitpause, Schatz. Und dann schreiben wir mal zusammen, was Weihnachten so ist."

Es ist Halbzeit. Alle sitzen am Esstisch, Mutter hat Papier und Stift zur Hand.

„Also, wo fangen wir an?" Mutter tippt mit dem Stift an ihren Mund.

„Na, am Anfang", Vater süppelt kurz an der Flasche. „Die Religion sagt doch, dass Gott uns erschaffen hat, und die Wissenschaft, dass Gott vom Affen stammt. Und Gott hat seine Weltreligion gegründet: Latein. Da staunt ihr, was? Zu meiner Schulzeit wurde noch richtig gepaukt."

Mutter macht Notizen. „Gut. Und Weihnachten ... wie schreibt man das eigentlich?"

„W – h – y neues Wort – Nachten, oder?" Die Tochter nimmt das Smartphone zur Hand. „Ich frage mal meine Freunde über What's App. Scheiße, Kratzer im Lack."

„Apropos, Lack", Vater lehnt sich weit zurück und schnürt das Band der Trainingshose enger. „Dieser Jesus, der war ein Mehrtürer. Na, ich muss es wissen, ich arbeite in der Autobranche!"

Der Sohn sitzt im Schneidersitz auf dem Stuhl und bohrt in der Nase. „Was hat Christus eigentlich mit Jesus zu tun? Waren das Freunde?"

„Gute Frage, Sohn", Vater nimmt einen kräftigen Schluck Bier. „Aber ich meine, Jesus wurde nach Christus geboren."

„Jesus' Eltern", Mutter macht eine Pause und guckt konzentriert auf den Adventskranz, „Jesus Eltern... mmh, jaaaa, genau, das waren Maria Magdalena und Matthäus."

„Richtig", bestätigt Vater, steht auf und geht Richtung Sofa. „Und dieser Lothar Matthäus hat dieses Buch übersetzt und 95 Prothesen an eine Wand genagelt."

„Was riecht das hier so? Oh, die Plätzchen im Ofen!" Mutter rennt in die Küche. „Die wollte ich doch spenden, wenn wir mit den Flüchtlingen intervenieren."

„Meine Freundin what's apped gerade. Sie schreibt, das Jesus' Eltern vor einem König geflüchtet sind."

„Wie fürchterlich", meint Vater.

„Ja, das war der Herr Odes", schreibt sie.

„Geflüchtet?", schallt es aus der Küche. „Ist dieser Assad nicht auch so eine Art König? Donnerwetter, wie sich die Geschichte wiederholt!"

Die „Geschichtskenntnisse" sind übernommen aus:
Lena Greiner / Carola Padtberg-Kruse; „b.) Nenne drei Nadelbäume: Tanne, Fichte, Oberkiefer, Die witzigsten Schülerantworten, Ullstein, in Zusammenarbeit mit Spiegel-Online, 2015

MOSLEMISCHE WEIHNACHTEN

Miniausschnitt aus meinem psychologischen Gesellschaftsroman „Das wiedergeborene Kind".

Szene: Petra Kern hat drei Frauen zu Besuch. Darunter Fariba, die als Kind, als der persische Schah gestürzt wurde, mit ihren Eltern nach Deutschland geflohen ist.

Die vier Damen haben ordentlich dem Wein zugesprochen.

„Halleluja", prustet Fariba. „Gibt es Globuli gegen Love Handles?" Sie packt mit beiden Händen ihre Hüftrolle an, die sich unter dem weißen T-Shirt abzeichnet. Darauf steht in Glitzerbuchstaben: Happiness is not a destination, it is a way of life.

„Apropos, ‚Halleluja'", wirft Evamaria beschwipst in die Runde. „Feierst du eigentlich Weihnachten, Fariba?"

Fariba schlürft geräuschvoll am Wasserglas. „Salâm! Klar, wir nennen das Dönachten!"

„Dann gibt es bei euch Dönageschenke?", fragt Stella.

„Unterm Dönabaum, selbstverständlich!", bestätigt Fariba.

„Mit Dönakugeln und Dönametta?", prustet Petra und setzt die neue Rotweinflasche hart auf die Glasplatte. Tränen vor Lachen laufen über ihre Wangen und hinterlassen Streifen im Make-up. Sie nimmt eine Serviette und wischt übers Gesicht.

DAS NICHT GEWÜNSCHTE GESCHENK
Meine Begrüßung auf dieser Welt

Der vierjährige Junge schob sich unter den Bauch seiner Mutter. Unter der riesigen Kugel, die sich aus ihrem Leib hervorstülpte, fand er Schutz und Geborgenheit. Die Mutter streichelte ihm kurz über den blonden Schopf, löste seine Arme von ihren Schenkeln, hob den rechten Zeigefinger mahnend und sagte:

„Morgen ist der Heilige Abend. Wenn dir der Weihnachtsmann etwas bringen soll, dann musst du aber noch deine Spielsachen aufräumen!"

Das war für den kleinen Mann eine große Pein. Er wollte lieber spielen. Aber wenn der Weihnachtsmann nur unter diesen Bedingungen Geschenke verteilte, dann musste er wohl oder übel aufräumen.

Endlich, es war der 24. Dezember, morgens. Der Bursche sprang aus seinem Bettchen und lief ins elterliche Schlafzimmer. Aber nicht Mami und Papi lagen dort, sondern seine Tante.

„Wo ist Mama?" Er weinte.

„Mach' dir keine Sorgen", antwortete die Tante mit ruhiger Stimme. „Der Weihnachtsmann hat dir heute früh schon ein Geschenk gebracht."

In diesem Moment trat der übermüdete Vater in die Wohnung und sagte:

„Du hast ein Schwesterchen bekommen!"

„Aber das habe ich mir doch gar nicht gewünscht!" Er schaute zu den Erwachsenen hoch und zog einen Schmollmund.

Missmutig schlurfte er nachmittags mit den beiden zum Krankenhaus. Im Arm seiner Mutter lag ein rosiger Fleischkloß namens Martina. Der Junge schaute sich ihn für eine kurze Zeit an. Dann sagte er:

„So, nun habe ich genug gesehen. Jetzt will ich meine Geschenke haben!"

JETZT SIND SIE DRAN

Die nächsten zwei Seiten stehen zur freien Verfügung.
Schreiben Sie eine Kurzgeschichte oder ein Gedicht.
Die folgenden Worte sollen verwendet werden:

Empfangsstörung; Neid; präventiv; schrittweise; Jazz

Und wenn Sie wollen: Schauen Sie auf meine Website
www.heiteresundweiteres.de
Oder auf Facebook
https://www.facebook.com/martina.siemsdahle